AF110300

www.ingramcontent.com/pod-product-compliance
Lightning Source LLC
LaVergne TN
LVHW021240080526
838199LV00088B/5416

9789358722666

جدید فلسفۂ اخلاق کا ردّ

(The refutation of Modern philosophy of Ethics)

مصنف:

محمد فیصل ریاض شاہد

© Taemeer Publications LLC
Jadeed Falsafa-e-Akhlaaq ka radd
by: Mohd Faisal Riyaz Shahid
Edition: August '2023
Publisher & Printer:
Taemeer Publications LLC (Michigan, USA / Hyderabad, India)

ISBN 978-93-5872-266-6
9 789358 722666

مصنف یاناشر کی پیشگی اجازت کے بغیر اس کتاب کا کوئی بھی حصہ کسی بھی شکل میں بشمول ویب سائٹ پر اَپ لوڈنگ کے لیے استعمال نہ کیا جائے۔ نیز اس کتاب پر کسی بھی قسم کے تنازع کو نمٹانے کا اختیار صرف حیدرآباد (تلنگانہ) کی عدلیہ کو ہو گا۔

©تعمیر پبلی کیشنز

کتاب	:	**جدید فلسفۂ اخلاق کا ردّ** (The refutation of Modern philosophy of Ethics)
مصنف	:	**محمد فیصل ریاض شاہد**
صنف	:	سماج و مذہب
ناشر	:	تعمیر پبلی کیشنز (حیدرآباد، انڈیا)
سالِ اشاعت	:	۲۰۲۳ء
تعداد	:	(پرنٹ آن ڈیمانڈ)
صفحات	:	۲۸
سرورق ڈیزائن	:	تعمیر ویب ڈیزائن

سنی لیون اور جدید فلسفہ اخلاق

(رام گوپال ورما کی فلم* کا پوسٹ مارٹم اور جدید مغربی افکار کی جڑ)

میں نے کوشش کی ہے کہ مشکل فلسفیانہ و فکری مباحث کو کم سے کم تر اور آسان سے آسان تر الفاظ میں بیان کروں لیکن اس کے باوجود یہ مضمون خاصا طویل ہو گیا ہے۔ لیکن میں یقین دہانی کرواتا ہوں کہ اسے بغور پڑھ لینے کے بعد آپ جدید فکری یلغار کو اس کی جڑ سے پکڑ سکنے کے قابل ہو جائیں گے۔ میں نے جان بوجھ کر بہت سی باتوں کو نظر انداز کر دیا ہے، ورنہ یہ موضوع اس قدر طویل تھا کہ اس پر درجنوں کتب لکھی جاسکتی ہیں!

آپ سے گذارش ہے کہ یہ مضمون خود بھی پڑھئے اور دوسروں تک بھی پہنچایئے اور اسے اپنے پاس محفوظ رکھئے، اگرچہ یہ مضمون ایک فلم کے تناظر میں لکھا گیا ہے لیکن اس میں بہت سے عقدے حل کر دئے گئے ہیں۔

فیصل ریاض شاہد

۱۶/ جنوری ۲۰۱۸ء

---

* رام گوپل ورما کی متذکرہ فلم یوٹیوب پر یہاں دیکھی جاسکتی ہے:

Meri Beti SUNNY LEONE Banna Chaahti Hai | 2017
https://www.youtube.com/watch?v=jIOoK2QJ26I

فلم کی روداد:

۲۰۱۷ء میں انڈین فلم ڈائریکٹر رام گوپال ورمانے دس بارہ منٹ کی ایک چھوٹی سی فلم بنائی جس پر مختلف حلقوں نے مختلف طرح کارد عمل ظاہر کیا۔ زیادہ تر لوگوں نے اس فلم پر بھر پور تنقید کی اور کہا کہ یہ فلم معاشرے کو تباہ کرنے کے لئے بنائی گئی ہے۔ اس فلم کا نام ہے،"میری بیٹی سنی لیون بننا چاہتی ہے۔"

یہ فلم ایک بند کمرے میں فلمائی گئی ہے جس میں تین کردار ہیں۔ لڑکی، اس کی ماں اور باپ۔۔۔۔۔۔۔

فلم کی اسٹوری یہ ہے کہ ایک نوجوان لڑکی اپنے والدین کے سامنے اپنی خواہش اور future plan کو ظاہر کرتے ہوئے کہتی ہے کہ پاپا! میں سنی لیون بننا چاہتی ہوں۔ (سنی لیون فحش فلموں کی نامور اداکارہ ہے، جس نے اپنا کیریئر انٹرنیٹ پر چلنے والی پورن فلمز میں کام کر کے شروع کیا،اس کے بعد وہ بھارت کی عام فلم انڈسٹری سے وابستہ ہو گئی اور فلموں میں فحش اداکاری کر کے خوب پیسہ اور نام کمایا) یہ بات سن کر لڑکی کے والدین ہکا بکا رہ جاتے ہیں، اور اسے منع کرتے ہیں۔ منع ہونے کے بجائے لڑکی اپنی سوچ کے دفاع میں نہایت سطحی قسم کے بے بنیاد دلائل دیتی ہے،وہ اپنے باپ کے ساتھ ساتھ تمام مردوں کو برا بھلا کہتی ہے اور اپنی ماں سے کہتی ہے کہ اس نے ساری زندگی ایک شخص (اپنے شوہر) کے ساتھ گزار کر زندگی ضائع کر دی ہے۔

یہ فلم بنیادی طور پر ایک مکالمہ ہے جس میں ایک طرف لڑکی ہے، جو اپنی

مخصوص سوچ کا اظہار کرتی ہے اور دوسری طرف اس کے والدین ہیں جو عام معاشرتی سوچ کی عکاسی کرتے ہیں۔ رام گوپال ورما نے اس فلم کو نہایت چالاکی کے ساتھ پروڈیوس کیا ہے، وہ اس طرح کہ اس نے لڑکی کی ڈائی لاگز کو نہایت منظم انداز میں پیش کئے ہیں لیکن اس کے جواب میں والدین نے جو اعتراضات اور سوالات کئے ، انہیں نہایت بودے اور گھٹیا انداز و الفاظ میں پیش کیا گیا ہے دوم یہ کہ والدین کی طرف سے پیش کئے گئے دلائل کا معیار بھی نہایت پست ہے بلکہ سچ تو یہ ہے کہ والدین کے لئے جو ڈائی لاگز لکھے گئے وہ اس لڑکی کے دلائل کا مکمل جواب تھے ہی نہیں!

در حقیقت یہ فلم باقاعدہ سوچی سمجھی سازش کے تحت بنائی گئی ہے، اسی لئے تو فلم میں لڑکی کا پلڑا ابھاری اور والدین کا پلڑا انتہائی کمزور دکھایا گیا ہے۔ حتی کہ فلم کے آخری سین میں جب لڑکی اپنی ماں سے کہتی ہے کہ "جب آپ کو میری باتیں سمجھ آئیں گی تب آپ کو افسوس ہوگا کہ آپ سنی لیون کیوں نہیں بنی!" تو اس کی ماں بھی ایساری ایکٹ کرتی ہے جیسے اس پر بیٹی کی باتوں کا اثر ہوگیا ہے۔ یہ سین شامل ہی اس لئے کیا گیا تاکہ لڑکی کی سوچ کو صحیح اور ذہن کے لئے appealing کیا جاسکے اور اس کے والدین کی سوچ کو، جو کہ معاشرتی سوچ ہے، غلط اور کم عقلی پر مبنی قرار دیا جاسکے۔

آپ کیا سمجھتے ہیں کہ فلمیں ہماری تفریح کے لئے بنائی جاتی ہیں؟ اگر آپ ایسا سمجھتے ہیں تو پھر قربان جایئے آپ کی سادہ دلی پر! فلموں کا کوئی ایک مقصد نہیں ہوتا بلکہ جہاں پروڈیوسرز اپنی فلمز کے ذریعے کروڑوں روپے کماتے ہیں وہیں وہ اپنی مخصوص سوچ بھی قوم کے ذہنوں میں انڈیلتے ہیں۔ اور یہ حقیقت ہے کہ فلم بین طبقہ علمی یا مذہبی طور پر زیادہ پختہ نہیں ہوتا، اسی وجہ سے وہ فلمیں دیکھ کر "خراب" ہو جاتا ہے۔۔۔۔۔۔!!!

اور اسی بات کا فائدہ یہ فلم میکرز اٹھاتے ہیں!

اس فلم کے تنقیدی جائزے سے پہلے ضروری ہے کہ اس سوچ اور فکر پر ایک نظر دوڑائی جائے جس کے تحت یہ فلم فلمائی گئی ہے۔

مآخذ اخلاقیات:

کسی کی مدد کرنا اچھی بات ہے، یعنی اچھائی ہے اور کسی پر ظلم کرنا بری بات، یعنی برائی ہے۔ آپ جانتے ہیں کہ اچھائی کو "خیر" اور برائی کو "شر" بھی کہا جاتا ہے لیکن کبھی آپ نے سوچا کہ اچھائی اچھی اور برائی بری کیوں کہلاتی ہے؟

یعنی کیا آپ کو اس بات کا اندازہ ہے کہ کوئی بات اچھی کب بنتی ہے اور کوئی بات بری کب بنتی ہے؟ زرا علمی لفظوں میں بات کریں تو سوال یوں ہے کہ اچھائی یا برائی کا مآخذ کیا ہے؟

یعنی:

what is the source of good and evil?

اچھائی اور برائی کا معیار کیا ہے؟

مثلاً ہم جانتے ہیں کہ کسی کی مدد کرنا اچھائی یعنی نیکی ہے اور کسی پر ظلم کرنا برائی یعنی گناہ ہے۔ لیکن کیا چوری میں چور کی مدد کرنا، زنا میں زانی کی مدد کرنا اور قتل میں قاتل کی مدد کرنا بھی نیکی ہے؟؟؟؟

اور کیا کسی جان بچانے کے لئے اسے دھکا دینا اور نقصان سے بچانے کے لئے اسے مارنا برائی ہے؟

ہرگز نہیں-------

یہیں سے ہمارے سوال، کہ اچھائی اور برائی کا مآخذ کیا ہے؟ کا جواب اخذ ہوتا ہے۔

آپ اپنی عقل کے ساتھ اچھائی اور برائی کا مآخذ تلاش کرنا چاہیں تو ہر گز نہیں کر سکیں گے۔ آپ جس بھی شئے کو نیکی اور برائی کا مآخذ قرار دیں گے ضرور وہ حقیقی مآخذ نہیں ہو گا۔۔۔

اس میں کوئی نہ کوئی خامی ضروری ہو گی، بہت سی چیزیں اس سے استثناء ہوں گی، یعنی وہ مآخذ جامع و مانع نہیں ہو گا۔۔۔۔۔۔ اس سے نتیجہ نکلتا ہے کہ اچھائی اور برائی کا حقیقی مآخذ تلاش کرنا عقل انسانی کے بس کا روگ نہیں ہے۔ انسانوں نے اپنی عقل کے ساتھ نیکی اور برائی کا مآخذ تلاش کرنے کی بہت کوشش کی ہے، یعنی لوگوں نے بہت سر کھپایا ہے، یہ جاننے کے لئے کہ اچھائی اچھی کیوں ہوتی ہے اور برائی بری کیوں ہوتی ہے!

انسانوں نے اپنی عقل کے ساتھ اچھائی اور برائی کا معیار مختلف چیزوں کو قرار دیا ہے۔ مثلاً:

ا۔ نیت اور ارادہ

۲۔ لذت اور مسرت

۳۔ فائدہ

وغیرہ وغیرہ۔۔

یعنی بعض فلسفیوں نے کہا کہ کوئی کام اچھا تب بنتا ہے جب اس کام کو کرنے کی نیت اچھی ہو۔ اس نظریئے کے مطابق نیت اور انسانی ارادہ source of good and evil ہے لیکن یہ نظریہ غلط ہے۔ مثلا اپنا فائدہ سوچنا اچھی نیت ہے۔ اب اگر اس نیت اور ارادے کے ساتھ میں آپ کو قتل کر کے آپ کے گھر کا سارا مال لوٹ لوں تو کیا میرا یہ فعل "اچھائی" قرار دیا جا سکتا ہے؟ ہر گز نہیں پس معلوم ہوا کہ نیت اور ارادہ اچھائی اور برائی کا معیار نہیں ہے۔

اسی طرح لذت اور مسرت اور مفاد پرستی بھی نیکی اور برائی کے معیارات نہیں ہیں۔

لیکن ہمارا سوال من و عن ہے کہ پھر اچھائی اور برائی کا معیار آخر کیا! اور کوئی کام کب "اچھائی" اور کب "برائی" کہلاتا ہے؟؟؟
اس سوال کا جواب ہم تھوڑا آگے چل کر دیں گے۔۔۔!!

دو قومیں:

خیر و شر کی جنگ انسان کی تخلیق کے ساتھ ہی شروع ہو گئی تھی۔ انسان جتنا پرانا ہے، یہ جنگ بھی اتنی ہی پرانی ہے۔ لیکن اللہ تعالیٰ نے انسان کو خیر و شر کی اس کشمکش کے درمیان تنہا اور بے یار و مددگار نہیں چھوڑا بلکہ انسان کی ہدایت کے لئے نبیوں اور رسولوں کو مبعوث فرمایا، جنہوں نے اللہ رب العزت سے حاصل ہونے والی وحی کے ذریعے لوگوں کو سیدھا راستہ دکھایا۔ گویا اللہ رب العزت نے انسان پر یہ عظیم احسان فرمایا کہ ایک طرف تو اسے عقل کے نور سے مالا مال کیا اور دوسری طرف اس عقل کو سیدھا رکھنے کے لئے وحی کے ذریعے ایک پورا نظام قائم فرمایا۔

ہر مذہب کا دعوی ہے کہ صرف وہی سچا اور خدائی مذہب ہے یعنی ہر مذہب اپنے پیروکاروں کو یہ باور کرواتا ہے کہ اس کی تعلیمات خدا کی طرف سے نازل کردہ ہیں۔ اس سے قطع نظر کے کون سا مذہب سچا ہے کون سا جھوٹا! ہم چونکہ مسلمان ہیں اس لئے اسلام ہی کو سچا مذہب سمجھتے ہیں اور بلا شبہ اسلام ہی سچا مذہب ہے، نا صرف مذہب بلکہ اسلام تو "مذہب" سے بدرجہا بہتر ایک کامل ضابطہ حیات اور باقاعدہ محفوظ دین ہے۔

لیکن ایک بات تمام مذاہب میں مشترک ہے، یہ کہ اس دنیا میں انسان کو امتحان کے لئے

بھیجا گیا ہے، اسے سیدھا راہ دیکھا دیا گیا ہے، اب یہ اس پر منحصر ہے کہ وہ یہ امتحان پاس کر کے آخرت میں سرخرو ہو جائے یا اپنی من چاہی زندگی گزارے اور امتحان میں فیل ہو کر ہمیشہ کے لئے جہنم کی آگ میں جھلسے!!!

ہم جانتے ہیں کہ دنیا میں بنیادی طور پر دو طرح کے لوگ پائے جاتے ہیں۔ اول، وہ جو کسی نہ کسی مذہب کے ماننے والے ہیں اور دوم، وہ جو کسی بھی آسمانی ہدایت کے قائل نہیں، نہ تو وہ کسی خاص مذہب کے پیروکار ہیں اور نہ انہیں مذہب میں کوئی دلچسپی ہے۔
پہلی قسم کے لوگوں کو "اہل مذہب" اور دوسری قسم کے لوگوں کو "ملحد" کہا جاتا ہے۔
یعنی ایک قسم ان لوگوں کی ہے جو "وحی" یا "خدائی ہدایت" کے قائل ہیں اور دوسرے وہ ہیں جو خدائی ہدایت تو کیا خدا کے وجود ہی میں شک کرتے ہیں۔
الحاصل یہ کہ دنیامیں دو قومیں آباد ہیں:

۔ اہل مذہب

۔ ملحدین

مڈل ایسٹ یعنی وسطی اشیائی ممالک اس حوالے سے خوش قسمت ہیں کہ اللہ پاک نے یہاں بہت سے انبیائے کرام کو مبعوث فرمایا جس کے نتیجے میں یہاں کے لوگ "مذہبی" ہیں جب کہ مغرب اس حوالے سے زیادہ خوش نصیب نہیں۔ اگر آپ تاریخ اور مغربی افکار کا مطالعہ کریں تو معلوم ہو گا کہ مغرب میں انبیائے کرام کی بجائے زیادہ تر فلسفیوں کے افکار ہی کا دور دورہ رہا ہے۔
تو گویا مشرق و مغرب میں جو فکری خلیج پائی جاتی ہے، اس کی وجہ یہ ہے کہ مشرق نے انبیائے کرام کی تعلیمات کو کسی نہ کسی صورت میں یاد رکھا جب کہ مغرب نے اللہ کے

نبیوں اور رسولوں کی بجائے فلسفیوں کو زیادہ اہمیت دی اور ان کے ذاتی خیالات کو مذہب کے طور پر اپنایا ہے۔

مغرب کی فکری سوغات:

اوپر کی تمام باتوں کو ذہن نشین رکھئے اور دیکھئے کہ اہل مغرب نے انسان کو مذہبی تعلیمات کے برعکس فکری گمراہی کے سوا کچھ نہیں دیا۔ ذیل میں کچھ نکات پیش کئے جارہے ہیں انہیں غور سے پڑھئیے:

مڈل ایسٹ، تمام اہل مذہب اور خصوصاً اسلامی تعلیمات میں یہ بات واضح طور پر پائی جاتی ہے کہ:

۱۔ انسان کو خدا نے تخلیق کیا۔

۲۔ انسان اس دنیا میں امتحان کے لئے بھیجا گیا ہے۔

۳۔ اگر وہ خدائی تعلیمات کے مطابق زندگی گزارے تو اسے آخرت میں جنت ملے گی اور اگر وہ خدائی تعلیمات سے روگردانی کرے گا تو گویا وہ امتحان میں فیل ہو جائے گا اور نتیجے کے طور پر اسے جہنم میں پھینک دیا جائے گا۔

۴۔ انسان کی ہدایت کے لئے خدا نے ایک باقاعدہ نظام ترتیب دیا، وہ نظام یہ تھا کہ اس نے اپنے بندوں میں سے کچھ خاص بندوں کو چن لیا، ان سے کلام کیا اور اپنا پیغام ان کے ذریعے عام انسانوں تک پہنچایا۔

۵۔ تمام انسانوں پر لازم ہے کہ وہ ان خدائی نمائندوں کی تعلیمات پر عمل کریں تاکہ وہ شر اور شیطان سے محفوظ رہ سکیں۔

ان کے برعکس مغرب اور ملحدین چونکہ مذہب کا انکار کرتے ہیں اس لئے اہل الحاد اور مغرب میں پائے جانے والے عقائد و نظریات بھی دیگر انسانوں سے مختلف ہیں۔ ان کے نظریات فلسفیوں کی چہ میگوئیوں اور ٹامک ٹوئیوں پر مبنی ہیں۔ جن کے مطابق:

ا۔ خدا کا کوئی ثبوت موجود نہیں ہے لہذا خدا کا کوئی وجود ہی نہیں۔ اگر وہ موجود ہے بھی سہی تو ہمیں اسے کوئی غرض نہیں۔

۲۔ آسمانی ہدایت نامی کسی شئے کا وجود نہیں۔ یہ جنت دوزخ، حرام حلال، جنات، فرشتے وغیرہ سب قصے کہانیاں اور دیومالا ہیں، ان کی کوئی حقیقت نہیں۔

۳۔ آسمانی ہدایت کی میں نجات اور فلاح تلاش کرنے کی بجائے انسان کو اپنی عقل سے سوچنا چاہئے کہ اس کے لئے کیا بہتر ہے اور کیا بہتر نہیں۔

یہاں ہم اس سوال کا جواب عرض کرتے ہیں۔ سوال یہ تھا کہ اچھائی اور برائی کا معیار اور ماخذ کیا ہے؟

اس کا جواب یہ ہے کہ اہل مذہب کے ہاں اچھائی اور برائی کا معیار "خدا کا حکم" ہے، یعنی اہل مذہب اور انبیائے کرام کی تعلیمات کے مطابق یہ بات ہمیں خدا کی وحی سے معلوم ہوگی کہ کون سی شے یا کام اچھا ہے اور کون سی شے یا کام برا ہے! جب کہ ملحدین کے بقول کے اچھائی اور برائی کا معیار عقل ہے۔

یہی وجہ ہے کہ فلسفیوں نے اچھائی اور برائی کے مختلف ماخذات مقرر کئے۔ چونکہ یہ لوگ خدائی رحمت اور ہدایت سے محروم تھے اس لئے انہوں نے اپنی طرف سے تکے مارے! اور حال یہ ہوا کہ کسی ایک بات پر متفق نہ ہوسکے! کسی نے لذت کو معیار خیر و شر قرار دیا تو کسی نے لذت اور مفاد کو!

حقیقت یہ ہے، جس پر تمام اہل مذہب چاہے وہ کسی بھی مذہب سے تعلق رکھتے

ہوں، متفق ہیں کہ معیار خیر وشر، "وحی" اور "خدائی ہدایت" ہے۔(خدائی ہدایت یا وحی ہی کو عرف میں "مذہب" کا نام دیا جاتا ہے۔)

مغربی فکر کی جڑ:

زمانہ قبل مسیح کے ایک ملحد فلسفی پروٹا غورس کا قول، جسے افلاطون نے نقل کیا ہے، یہ ہے کہ:

Man is the measure of everything. Which is true for you is true for you and which is true for me is true for me, there is no absolute truth

یعنی " ہر شئے کا معیار (خدائی ہدایت، وحی) نہیں بلکہ انسان ہے۔ جسے تم درست سمجھتے ہو وہ صرف تمہارے لئے درست ہے اور جسے میں درست سمجھتا ہوں وہ میرے لئے درست ہے۔ کیونکہ " آفاقی سچ " کا کوئی وجود نہیں۔"

انبیائے کرام نے تو ہمیں یہ بتایا کہ اچھائی اور برائی کا معیار وحی ربانی ہے، لیکن پروٹا غورس یہ کہہ رہا ہے کہ نہیں وحی نہیں بلکہ کسی بھی شئے کے غلط یا درست ہونے کا معیار انسان یعنی انسانی عقل ہے۔

آفاقی سچ سے مراد ایسی حقیقت ہوتی ہے جسے لاکھ جھٹلایا جائے مگر وہ بدلتی نہیں۔ مثلاً ہم خدا کے وجود اور توحید بھی یقین رکھتے ہیں۔ اب کوئی لاکھ کہے کہ خدا کا کوئی وجود نہیں یا بت بھی خدا ہیں، تو اس سے خدا کی وحدانیت اور وجود پر کوئی فرق نہیں پڑتا۔ وہ ہے اور وہ ایک ہی ہے ! اس قسم کے آفاقی سچ بے شمار ہیں مثلاً سورج موجود ہے، نہانے سے انسان گیلا ہو جاتا ہے، وغیرہ وغیرہ

پروٹا غورس یہ کہتا ہے کہ آفاقی سط کا کوئی وجود نہیں بلکہ اگر میرے نزدیک رات

کو بھی سورج نکل سکتا ہے تو میں درست ہوں اور میرے لئے یہی حقیقت ہے اور اگر آپ یہ سمجھتے ہیں کہ سورج رات کو نہیں نکل سکتا تو یہ صرف آپ کے لئے "درست بات" یا "آفاقی سچ" ہے! اس کے جملے پر غور کریں، وہ کہہ رہا ہے کہ جسے آپ درست سمجھتے ہیں وہ صرف آپ کے لئے درست ہے اور جسے میں درست سمجھتا ہوں وہ میرے لئے درست ہے۔ کیوں؟ کیونکہ آفاقی سچ کا کوئی وجود نہیں۔۔۔

میں پروٹاغورس کے زمانے میں ہوتا تو اس سے کہتا کہ جناب! آپ کا یہ 'فرمان عالی شان" میری جوتی کی نوک پر، میں اسے درست نہیں سمجھتا، چونکہ آپ اپنے اس "فرمان" کو درست سمجھتے ہیں لہذا یہ صرف آپ کے لئے درست ہے، اسے اپنے پاس رکھیں۔۔۔!!

اہل مغرب کی اور ملحدین کی ساری فکر، تمام نظریات، تمام "ازم" تمام فلسفے اور تمام قوانین وضوابط کی جڑ پروٹاغورس کا یہی جملہ ہے۔ مغربی نظیات مثلا ہیومن ازم، لبرل ازم، سیکولرازم، سوشل ازم اور جمہوریت وغیرہ سبھی اس نکتے پر متفق ہیں!!! کیونکہ یہی بات ان تمام فلسفوں کے جسم میں خون کی مانند گردش کررہی ہے !(اس کو گہرائی کے ساتھ سمجھنے کے لئے ضروری ہے کہ آپ ردافکار مغرب اور ردِ الحاد کے موضوعات کا بغور مطالعہ کریں)

اگر گزشتہ اڑھائی ہزار سالہ مغربی فکری تاریخ کو ایک لفظ میں سمویا جائے تو وہ لفظ ہے، "ہیومن ازم" یعنی "انسانیت پرستی"!

جس کا مرکزی نکتہ یہ ہے کہ انسان ہی معیار حق ہے، انسانیت سب سے بڑا مذہب ہے، قوانین مذہب کی بجائے انسانوں کی انسانیت کو مد نظر رکھ کر بنائے جانے چاہئیں، اور خدا اور وحی نامی ہوائی باتوں کو چھوڑ کر "انسانیت پرستی" کو بطور مذہب قبول کیا جائے!

الحاصل یہ کہ اہل مذہب کی چڑ"وحی"اور ملحدین کی جڑ"انسانیت پرستی"ہے۔

انسانیت پرستی کے اس فلسفلے کو دنیا میں رائج کرنے کے لئے مغرب نے مشرق پر اربوں ڈالر انویسٹ کئے ہیں۔ یہ ایک الگ موضوع ہے جس سے صرف نظر کرتے ہوئے ہم یہ دیکھتے ہیں کہ اس فلسفلے کے بنیادی ارکان اور بنیادی نعرے کیا ہیں۔

الحاد یعنی انسانیت پرستی نے گزشتہ چار صدیوں میں شدت کے ساتھ جن افکار کو فروغ دیا وہ یہ ہے۔

۱۔ آزادی

۲۔ترقی

۳۔ مساوات

۴۔جمہوریت

یہ بات ہمیشہ ذہن نشین رہے کہ مغربی فکر میں وحی یا روحانیت نامی کسی شئے کا کوئی وجود تسلیم نہیں کیا جاتا۔ مغرب اصطلاحات تو ہم اہل مذہب ہی کی استعمال کرتا ہے لیکن اس کا مفہوم وہ نہیں ہوتا جو عام طور پر ہمارے ہاں مراد لیا جاتا ہے۔ مذکورہ بالا چاروں الفاظ کا ایک مفہوم وہ ہے جو تمام انسانوں کے ہاں ہمیشہ سے معروف و مقبول رہا ہے لیکن ایک مفہوم وہ ہے جو مغرب کی خاص مراد ہے۔ اہل مغرب ہماری اصطلاحات استعمال کرکے ہمیں چکما دیتے ہیں۔

۱۔ آزادی سے ہماری مراد تو یہ ہوتی ہے کہ اللہ تعالیٰ کے احکامات کے تابع رہ کر تمام انسان آزاد ہیں لیکن اہل مغرب اور ہیومن ازم میں آزادی سے مراد یہ ہے کہ نا صرف تمام انسان جسمانی طور پر آزاد ہیں بکہ وہ نظریاتی طور پر بھی آزاد ہیں ان معنوں میں کہ وہ

جس شے کو "درست، اچھائی اور نیکی" سمجھتے ہیں اسے کریں اور جس شے کو برا سمجھتے ہیں اسے نہ کریں۔

کفر والحاد پر مبنی "ہیومن رائیٹس" میں جو بنیادی انسانی حقوق بیان کئے گئے ہیں اس میں ایک freedom of choice بھی ہے۔ یہ فری ڈم آف چوائس یعنی حق آزادی انتخاب یہی ہے کہ جسے آپ درست سمجھتے ہیں اسے کر گزرنے میں آپ بالکل آزاد ہیں۔ آپ سمجھ سکتے ہیں کہ بظاہر اس خوشنما لفظ کے پیچھے کیسے پروٹاغورس کا وہ "فرمان عالی شان" عمل پیرا ہے!!!

۲۔ مغربی تصور ترقی سے مراد ہر قسم کی مادی و مالی ترقی ہے۔ لیکن اس میں روحانی ترقی شامل نہیں!! کیونکہ روحانیت کے تو وہ سرے سے ہی منکر ہیں۔ ترقی سے ان کی مراد یہ ہے کہ انسان کو چاہئے کہ جس شے کو وہ حاصل کرنا چاہتا ہے، اسے حاصل کرنے کے لئے زیادہ سے زیادہ طاقت حاصل کرے۔ پھر طاقت کا حصول چونکہ سرمائے اور دولت کے بغیر ممکن نہیں پس اس پر لازم ہے کہ وہ زیادہ سے زیادہ دولت کمائے اور اپنے ارادے کی تکمیل کے لئے زیادہ ساری دولت جمع کرے۔ مغربی فکر میں ترقی یافتہ سے مراد وہ شخص ہے جو زیادہ مالدار ہے اور جو اپنے ارادے کی تکمیل کی زیادہ سے زیادہ قوت رکھتا ہے۔

۳۔ مساوات سے ان کی مراد یہ ہے کہ نہ صرف تمام انسان قانون کی نظر میں برابر ہیں بلکہ تمام انسان جنس کی تفریق کے بغیر مساوی ہیں۔ یہ تو مشہور بات ہے۔ البتہ اہم بات یہ ہے کہ مغربی تصور مساوات میں نا صرف تمام انسان برابر ہیں بلکہ ان کے تصورات خیر وشر بھی برابر ہیں۔ مثلاً اگر ایک شخص اپنی ماں یا بہن کے ساتھ زنا کرنا چاہتا ہے اور اسے ایک "خیر" یا "اچھائی" سمجھتا ہے تو وہ اس شخص کے عین مساوی اور برابر ہے جو اسے ایک غلیظ ترین سوچ اور فعل قرار دیتا ہے۔ گویا نماز پڑھنا اور شراب پینا دونوں

عین برابر ہیں!

یہ ہے کہ مغرب کا اہل تصور مساوات

۴۔ جمہوریت وہ آلہ کار ہے جس کی مدد سے ہیومن ازم اپنا عملی نفاذ کرتا ہے اور شخصی آزادی، ترقی اور مساوات کے غلیظ ترین مفاہم کو معاشرے میں لاگو کرتا ہے۔ یعنی جمہوریت بنیادی طور پر وہ نظام ہے جو مغربی افکار کے نفاذ کا ضامن ہے۔

فلم کا رد:

اوپر ہم نے جتنی بھی گفتگو کی، اگرچہ یہ طویل ہے مگر میں سمجھتا ہوں کہ اس موضوع کی اہمیت کے حساب سے یہ نہایت مختصر گفتگو ہے جس میں بہت سی باتیں رہ گئی ہیں، میں نے ان باتوں کو محض اس لئے ترک کر دیا ہے تاکہ مضمون زیادہ طویل نہ ہو۔

اب آتے ہیں اس فلم کی طرف۔ اس فلم میں بنیادی طور پر الحاد کو پروموٹ کیا گیا ہے۔ فلم کے شروع میں کچھ اقتباسات نقل کئے گئے ہیں جن کا مقصد اس فلم کو حوالہ اور علمی جواز فراہم کرنا ہے۔

وہ اقتباسات یہ ہیں:

To take away a person's freedom of choice even if it's a perceived wrong one, is nothing but suppression.

George Washington

یہ جارج واشنگٹن کا قول ہے، جس کا ترجمہ ہے:

"کسی شخص کا حق آزادی انتخاب چھیننا، اگرچہ وہ (انتخاب معاشرتی سطح پر) غلط ہی کیوں نہ سمجھا جاتا ہو (اس شخص کو) کچلنے کے سوا کچھ نہیں۔"

یعنی ہر شخص کا پیدائشی حق ہے کہ وہ دو نظریات یا اشیاء میں سے جس کو بھی چاہے منتخب

کرے، اگر وہ کوئی غلط شے ہی منتخب کیوں نہ کرے، اسے روکا نہیں جا سکتا کیونکہ یہ اس شخص کو کچل ڈالنے اور اس کی خواہشات کو دبا دینے کے مترادف ہے۔

دوسرا اقتباس ملاحظہ ہو:

To force another person to live the way what you think is right, is against the democratic right of freedom of choice.

AYN RAND

ترجمہ:

"ایک ایسے ضابطہ حیات جو آپ کے نزدیک درست ہے، کے مطابق کسی شخص کو زندگی گزارنے پر مجبور کرنا جمہوری حق آزادی انتخاب کے خلاف ہے۔"

تیسرا اقتباس ہندوؤں کی سب سے زیادہ مقدس کتب یعنی اپنشند سے پیش کیا گیا، خدا تو ایسی بات کہنے سے پاک ہے، ضرور کسی ہندو پنڈت نے ہی اس عبارت کا اپنی کتاب میں اضافہ کیا ہوگا، اس کے مطابق

The pleasure arising from the beauty of a woman and sexual union reflects the blissful nature of the God Almighty.

Hindu Upanshads

ترجمہ:

"عورت کی خوبصورتی اور ہمبستری (مرد اور عورت کا لذت حاصل کرنے کے لئے جسمانی تعلق قائم کرنا) سے حاصل ہونے والی لذت (خوشگوار پن) ظاہر کرتی ہے کہ خدا کتنا خوش مزاج ہے۔"

لیجئے جناب! یہ تھے وہ تین اقتباسات جو اس فلم کو علمی و فکری جواز پہنچانے اور دلیل کے

طور پر فلم کے شروع میں پیش کئے گئے ہیں تا کہ فلم دیکھنے والے ناظرین فلم میں پیش کی گئی دجالی فکر سے پوری طرح متاثر ہو سکیں۔ ان اقتباسات سے آپ بخوبی سمجھ سکتے ہیں انہیں کیوں نقل کیا گیا! اس کے پیچھے کون سی ذہنیت کار فرما ہے۔

اس فلم میں لڑکی کچھ نظریات اور ان کے دلائل پیش کرتی ہے، جس میں سے اہم یہ ہیں؛

۱۔ وہ کہتی ہے کہ جس طرح بقیہ ذرائع معاش ہیں، جنہیں برا نہیں سمجھا جاتا ہے اسی طرح سیکس بھی ایک ذریعہ ہے، دولت کمانے کا۔ اس میں بھی کوئی برائی نہیں۔

۲۔ وہ کہتی ہے کہ مردوں نے عورتوں کا ہمیشہ دبا کر رکھا، کبھی سنسکار، سماج اور کلچر کے نام پر اور کبھی اخلاقیات اور مذہب کے نام پر۔

۳۔ اس کے مطابق ہاؤس وائف بننا زندگی کو ضائع کرنے کے مترادف ہے اور مردوں نے عورتوں پر رعب و دبدبے کے ذریعے اپنی حکومت قائم کر کے انہیں ہمیشہ دبائے رکھا، انہیں ہاؤس وائف بننے کی ٹریننگ دی۔

۴۔ وہ کہتی ہے کہ ہر کوئی کچھ نہ کچھ بنتا ہے، جو اس کی خاصیت ہوتی ہے اور عورت کی خاصیت اس کی شرمگاہ ہے لہٰذا اگر اپنی خاصیت بیچنا برائی نہیں تو پھر عورت کے لئے اپنی شرمگاہ کو کچھ دیر کے لئے کسی کے حوالے کر دینے میں کیا برائی ہے! وہ کہتی ہے کہ میری شرمگاہ میری پاور ہے اور میں اسے استعمال کر کے پیسہ و شہرت کمانا چاہتی ہوں۔ اور میں ایسا کیوں نہ کروں جب کہ میرا جسم میری ملکیت ہے میں جو چاہے کروں، کسی کو اس سے کیا!

۵۔ اس کے مطابق معاشرتی اخلاقیات اور روایتی کلچر بند دماغوں کا نتیجہ ہے۔ میں اپنی

لائف انجوائے کرنا چاہتی ہوں اور اپنی مرضی سے اپنی زندگی گزارنا چاہتی ہوں۔

۶۔ وہ کہتی ہے کہ جس طرح والدین کے پاس اپنی مرضی کی اولاد منتخب کرنے کا اختیار نہیں ہوتا اسی طرح بچوں کے پاس بھی والدین کے مرضی سے منتخب کرنے کا اختیار نہیں ہوتا لہٰذا میری اولاد جیسی بھی ہوئی میں ان پر اپنے نظریات مسلط نہیں کروں گی بلکہ انہیں یہ سکھا دوں گی کہ وہ جسے درست سمجھتے ہیں وہ کریں اور جسے درست نہیں سمجھتے اسے نہ کریں۔

۷۔ وہ کہتی ہے کہ میں جس فکر پر گامزن ہوں وہ آزاد فکر ہے، اوراس کے والدین کی سوچ روایتی فکر ہے جو معاشرے اور لوگوں کے خوف کی وجہ سے پیدا ہوئی ہے۔ وہ کہتی ہے کہ تم لوگ لوگوں کے لئے جی رہے ہو جب کہ میں اپنے لئے جئیوں گی۔

۸۔ وہ اپنے باپ سے کہتی ہے کہ تم پانچ سال میں اتنی دولت نہیں کما سکے جتنی سنی لی ون (فاحشہ) دس منٹ میں کما لیتی ہے۔

۹۔ اس کے بقول بھگوان نے عورت کو ماں بہن بیٹی یا نانی وانی نہیں بنایا بلکہ اسے سیکس کے لئے پیدا کیا ہے۔

۱۰۔ وہ کہتی ہے کہ ریسپیکٹ اپنے اپنے نظریے سے ہوتی ہے جسے تولا نہیں جاسکتا۔

یہ دس نکات لڑکی کے ڈائلاگز میں نہایت اہم ہیں۔ ان کے جواب میں اولاً تو اس کے والدین فضول قسم کے سوالات اٹھاتے ہیں اور بالآخر لڑکی کی ماں سوچ میں گم ہو جاتی ہے اور ایساری-ایکٹ کرتی ہے جیسے اس پر بہت اثر ہوا۔ گویا اس سین سے فلم میکر یہ ظاہر کرنا چاہتا ہے کہ لڑکی کی باتیں واقعی قابل توجہ ہیں۔

ا۔ لڑکی کی تمام گفتگو کو سمیٹ کر بیان کیا جائے تو ہم دیکھتے ہیں کہ اس کی ساری فکر کی بنیاد وہی الحادی نظریات ہیں جنہیں اوپر بیان کیا گیا ہے۔

یہ لوگوں نے خود بنائے ہیں لہٰذا ہر انسان کو اپنی عقل سے سوچنا چاہیے اور جسے وہ درست سمجھے، اس راستے پر چلنا چاہیے! یعنی وہ وحی، آسمانی ہدایت اور مذہبی و معاشرتی فلسفہ اخلاق کو جھوٹ کا پلندہ سمجھتی ہے، اور مغرب کے تصور ہیومن ازم سے متاثر ہے۔

۲۔ وہ بار بار یہ باور کرواتی ہے کہ وہ ایک آزاد وجود ہے۔ یعنی وہ دراصل مغرب کے اسی تصور آزادی کا شکار ہے جسے پیچھے بیان کیا گیا۔

۳۔ وہ بار بار سیکس کو بھی بقیہ جائز ذرائع معاش کی طرح ایک ذریعہ دولت و شہرت سمجھتی ہے، یعنی در حقیقت وہ اسی مغربی تصور مساوات کی قائل ہے کہ تمام انسان اور ان کے تصورات خیر وشر مساوی ہیں۔

حاصل یہ کہ لڑکی پوری طرح مغربی افکار کی گرویدہ ہے اور اس راہ پر چل کر اب وہ گھر والوں اور معاشرے ومذہب سے بغاوت کر چکی ہے! اسی وجہ سے والدین کو پسماندہ ومرعوب ہونے کا طعنہ دے رہی ہے۔

مذکورہ بالا تمام باتوں سے ہم اس نتیجے پر پہنچے ہیں کہ لڑکی دراصل مغربی معاشرت کی وکیل بن کر والدین کے سامنے اس تہذیب کی وکالت کر رہی ہے۔ مغربی افکار کی بنیادی معلومات حاصل کر چکے کے بعد اب ہم لڑکی کے دلائل کو علمی سطح پر رد کریں گے۔

ا۔ لڑکی نے پہلی علمی خطایہ کہ اس نے سیکس کو ذرائع معاش پر قیاس کیا جو کہ علمی زبان میں قیاس مع الفارق کہلاتا ہے۔ یعنی ایک غلط قیاس ، صنعت، تجارت، زراعت اور

ملازمت وغیرہ وہ ذرائع معاش ہیں جنہیں انسان ہمیشہ سے جائز سمجھ کر اپناتا آیا ہے جبکہ آزاد سیکس کو ہمیشہ سے آج تک ایک برائی ہی تصور کیا گیا ہے۔ اسے پیشے کے طور پر اپنانا ہمیشہ معیوب سمجھا گیا ہے۔

دراصل لڑکی کا تصور خیر وشر ہی انسان کے تاریخی و اجتماعی تصور خیر وشر سے مختلف ہے۔ جیسا کہ ہم نے پیچھے بیان کیا کہ اہل مذہب کے نزدیک خیر و شر کا معیار وحی اور ہدایت ربانی ہے اور اہل مذہب ہمیشہ سے یہ مانتے آئے ہیں کہ خدا نے جس شے سے منع کیا وہ بری ہے اور جس شے سے منع نہیں کیا وہ اچھی ہے۔ جب کہ لڑکی کا تصور خیر وشر وہ ہے جو مغرب سے درآمد ہوا ہے، جس کے مطابق عقل ہی معیار ہے!

یہی تو وجہ ہے کہ لڑکی نے کہا: "اس میں کیا برائی ہے؟"

یہاں لڑکی سے یہ پوچھا جانا چاہیئے تھا کہ اگر تمہارے نزدیک یہ برائی نہیں تو پھر برائی کہتے کسے ہیں؟ کیوں کہ برائی کیا ہے؟ اس کا فیصلہ تو رب کرتا ہے، اور رب نے زنا کو برائی ہی قرار دیا ہے، پھر بھی اگر لڑکی اسے برائی نہیں مان رہی ہے تو ثابت ہوا کہ اس کے نزدیک خیر وشر کا معیار عقل ہے۔ عقل خیر وشر کا معیار ہرگز نہیں ہو سکتی کیونکہ انسان عقل کے ذریعے کسی بھی شے کو حتمی طور پر اچھا یا برا قرار نہیں دے سکتا۔ میں نے اوپر یہ عرض کیا تھا کہ عقل کی بنیاد پر لذت، مفاد اور نیت وغیرہ کو معیار خیر وشر قرار دیا گیا ہے لیکن ان پر غور کیا جائے تو معلوم ہوتا ہے کہ عقل انسانی اس تعین کی اوقات نہیں رکھتی! اس کا فیصلہ صرف رب ہی کر سکتا ہے!

پس لڑکی کا یہ مقدمہ باطل ہے کہ جس طرح بقیہ ذرائع معاش برے نہیں اس طرح سیکس بھی برا نہیں، کیونکہ سیکس کی برائی تو خالق باری تعالیٰ نے واضح طور پر بیان کر دی ہے۔ مذہب نے سیکس کی صرف ایک ہی صورت کو جائز قرار دیا ہے اور وہ یہ ہے کہ عورت

سے نکاح کر کے، یعنی اس کی ذمہ داری اٹھانے کے عہد کے بعد ہی اس کے جسم سے لطف اندوز ہوا جا سکتا ہے!

اب اگر وہ لڑکی یہ ہے کہ میں کسی مذہب کو نہیں مانتی لہٰذا مجھے عقلی طور پر سمجھاؤ کہ سیکس میں کیا برائی ہے تو اس کا جواب کیا ہو گا؟

عقلی طور پر سمجھانے سے پہلے لازم آئے گا کہ والدین اور لڑکی کا معیار خیر و شر ایک جیسا ہو بصورت دیگر اس معمے کا کوئی حل نہیں ماسوائے قتل، جنگ اور لڑائی جھگڑے کے!

کیونکہ معیار جب ایک جیسا نہ ہو تو پھر کوئی بھی فیصلہ ممکن نہیں ہوتا۔ مثلاً میری ترازو خراب ہے، جو پانچ کلو کے وزن کو دس کلو بتاتی ہے اور آپ کی ترازو درست ہے۔ ہم دونوں اس وزن کی بابت تب تک لڑتے رہیں گے جب تک کوئی تیسرا ہمیں یہ نہ بتا دے کہ ہم میں سے ایک کی ترازو درست ہے دوسرے کی خراب۔ یہ فیصلہ کوئی تیسرا ہی کر سکتا ہے کہ درست ترازو کس کی ہے!

اسی طرح خیر و شر کے وزن کے لئے جو معیار اور ترازو ہے، وہ وحی ہے، نہ کہ عقل۔۔۔۔ وہ تیسرا، انسان کا خالق ہے جس نے انسان اور اس کی عقل کو تخلیق کیا، وہ بہتر جانتا ہے کہ عقل کس حد تک رسا ہے۔۔۔۔۔۔ چونکہ انسان کی عقل رسا نہیں تھی اسی لئے اس نے خیر و شر کے تعین کے لئے آسمانی ہدایت کا انتظام کیا۔

الحاصل یہ ہے کہ خیر و شر کی لڑائی پہلے انسان کی تخلیق ہی سے شروع ہو گئی تھی اور تا قیامت جاری رہے گی۔ اس کا صرف ایک ہی حل ہے وہ حل یہ ہے کہ تمام انسان "ترازو" پر متفق ہو جائیں اور چونکہ ایسا ہونا فطری طور پر محال ہے لہٰذا جنگ جاری رہے گی۔۔۔۔۔۔۔ جہاد ہوتا رہے گا۔

۲۔ لڑکی کی یہ بات کہ مردوں نے عورتوں کو ہمیشہ دبانے کی کوشش کی، بالکل غلط اور بے بنیاد ہے۔ مرد نے عورت کو ہرگز نہیں دبایا بلکہ مرد اور عورت کی تخلیقی ساخت ہی اللہ تعالیٰ نے ایسی بنائی ہے کہ عورت مرد کی نسبت کمزور ہے۔ تاریخ بتاتی ہے کہ جتنے بھی بڑے کارنامے ہوئے اس میں ۹۹٪ کارناموں میں مرد ہی پیش پیش رہے۔ اس کی وجہ یہ تھی کہ ان کاموں کے لئے قدرت نے مرد ہی کو منتخب کیا تھا۔ عورت کو خالق باری تعالیٰ نے بنایا ہی ایسا تھا کہ وہ ایک ماں، بہن، بیٹی یا نانی دادی وغیرہ کے روپ میں زندگی بسر کرے۔ عورت کو نام، شہرت اور پیسہ کمانے کے لئے پیدا ہی نہیں کیا گیا، اس کی سب سے بڑی دلیل خود عورت کی فطرت اور ساخت ہے۔

لڑکی نے ایک اعتراض یہ کیا کہ سماج، کلچر، اخلاقیات اور مذہب کے نام پر عورتوں کا استحصال ہمیشہ سے کیا جارہا ہے جس کی وجہ سے ہاؤس وائف روایتی کلچر کے مطابق زندگی گزارنے پر مجبور ہیں۔ یہ اعتراض بھی بے بنیاد ہے۔ یہ استحصال مردوں نے نہیں کیا بلکہ حقیقت محض اتنی ہے کہ عورت پر فطرت نے ہی کچھ پابندیاں لگا رکھی ہیں۔

لڑکی نے سماج (کلچر) اخلاقیات، اور مذہب۔۔۔ تین لفظ کہے۔ یہ توجہ طلب ہیں۔ ہمارا کلچر یعنی سماج عورت پر کچھ پابندیاں عائد کرتا ہے، صرف ہمارا سماج ہی نہیں دنیا کے ہر خطے میں عورت ہو یا مرد دونوں پر کچھ نہ کچھ پابندیاں عائد ہوتی ہیں۔ ان میں سے کچھ پابندیاں خدا کی طرف سے عائد کردہ ہوتی ہیں، کچھ معاشرہ از خود نافذ کرتا ہے اور کچھ ایسی ہوتی ہیں جو بالکل لغو اور بے بنیاد ہوتی ہیں۔ مردوں کا قصور اگر مان بھی لیا جائے تو وہ صرف ان پابندیوں کی حد تک ہے جو لغو اور فضول قسم کی ہیں۔ ان فضول قسم کی پابندیوں کے خلاف تو خود دوسرے مرد بھی نالہ کناں ہیں، لہٰذا یہ قصور مرد ذات کا نہیں

بلکہ "جہالت" کا ہے۔ اس کا دوش مردوں کو دینا ناانصافی اور کم علمی ہے۔

اسی طرح مذہب نے اگر کچھ پابندیاں لگائی ہیں تو وہ پابندیاں اسلام کی حد تک، عین فطرت ہیں، بقیہ مذاہب تو خود من گھڑت ہیں ان کے بارے میں ہم کچھ نہیں کہہ سکتے۔ اور جہاں تک اخلاقیات کا تعلق ہے تو اخلاقیات کا لفظ اس لڑکی کے منہ سے بالکل بھی نہیں سجا، ایک طرف وہ فاحشہ بننا چاہ رہی ہے اور دوسری طرف اخلاقیات کا بھاشن دے رہی ہے، یہ تضاد نہیں تو کیا ہے!

۳۔ تیسرے اور چوتھے پوائینٹ کا جواب سطور بالا میں گزر چکا ہے البتہ اس میں ایک بات اہم ہے، وہ یہ کہ لڑکی کے بقول وہ اس کا جسم اس کی اپنی ملکیت ہے، وہ بالکل آزاد ہے لہٰذا کسی کو حق نہیں پہنچتا کہ اس کے حق آزادی انتخاب کو پامال کرے!

اولاً تو یہ بات ہی غلط ہے۔ کہ جسم انسان کی ملکیت ہوتا ہے۔ اسلام انسان کو خود کشی سے منع کرتا ہے۔ کیوں؟ کیونکہ یہ جسم اللہ کی امانت ہے نا کہ انسان کا پیدائشی حق!

اسی طرح انسان کو انتخاب کی اجازت بھی انہی اشیاء و افعال میں ہے جنہیں خدا نے جائز قرار دیا ہے۔ انسان کو جائز اور ناجائز کے انتخاب میں مساوی آزادی نہیں دی گئی۔ بلکہ خدا تو کہتا ہے کہ ناجائز کام پر عذاب دیا جائے گا! پس یہ واضح بات ہے کہ انتخاب کا حق صرف دو جائز اشیاء میں ہے نا کہ جائز اور ناجائز میں۔

لیکن یہ جو مغرب کا تصور انتخاب ہے یہ چونکہ ہدایت سے کوسوں دور ہے۔ اس میں سفید کو سیاہ اور سیاہ کو سفید بنا دیا گیا ہے۔ اس کے مطابق جائز و ناجائز کی تقسیم ہی غلط ہے بلکہ جو آپ کو درست لگے وہ جائز ہے اور جو غلط لگے وہ ناجائز! خدا کو تو بالکل ہی فراموش کر دیا گیا ہے۔

لڑکی نے بار بار جو آزادی کی بات کی وہ بھی صریح کم عقلی ہے۔ یہی لڑکی جو ایک سرخ سگنل کو کراس کرنے پر مجرم شمار کی جاتی ہے اس کا یہ کہنا کہ وہ سیکس میں بالکل آزاد ہے! یہ کم عقلی کے ساتھ ساتھ جہالت پر مبنی بات ہے۔

مطلق آزادی، یعنی بے قید آزادی کا سرے سے وجود ہی ممکن نہیں۔ انسان فطری طور پر آزادی ہے ہی نہیں۔ انسان پر ہر لمحہ بے شمار پابندیاں عائد ہیں مثلاً اس پر ملکی قوانین بھی لاگو ہیں، مذہبی قوانین بھی لاگو ہیں اور فطری طور پر بھی وہ آزاد نہیں پھر کیونکر کوئی انسان مطلق آزادی کا نعرہ لگا سکتا ہے!

ان کے علاوہ بھی لڑکی نے جو باتیں کہیں ان سب کا حاصل، ترقی، دولت، شہرت، آزادی اور انسانیت پرستی ہے لہٰذا میں سمجھتا ہوں کہ اگر آپ نے یہ مضمون بغور پڑھ کر سمجھ لیا ہے تو مزید کسی تردید کی ضرورت باقی ہی نہیں بچتی۔

حاصل کلام یہ ہے کہ خیر و شر کی جنگ ازل سے جاری ہے ابد تک جاری رہے گی۔ کیونکہ انسان ایک سے نہیں ہیں، ان کی عقلیں، عقائد، نظریات اور تاریخ مختلف ہے۔ حق سچ وہی ہے جو خالق باری تعالیٰ نے نازل فرمایا۔ سرکش قوموں کو خدا نے اپنے بندوں اور براہ راست عذاب کے ذریعے پہلے بھی تباہ کیا اور آئندہ بھی تباہ کرے گا۔ الحادی دجالی فکر کا اختتام دجال کے خاتمے ہی سے ممکن ہے اور یہ قیامت سے پہلے ممکن نہیں اس لئے امت مسلمہ کو جہاد کے حوالے سے ہر لمحہ متحرک رہنا چاہیئے۔ غلبہ حق ہی ہمارا منشور حیات ہونا چاہیئے۔

***

اسلامی معاشرتی موضوع پر
ایک اہم کتاب

مسلمان عورت کا پردہ اور لباس

بین الاقوامی ایڈیشن

منظر عام پر آچکا ہے